PROJECT PROFIT

AN INCOME AND EXPENSE LEDGER FOR ASPIRING ENTREPRENEURS!

THIS BOOK BELONGS TO:

_____

_____

ATTENTION FUTURE ENTREPRENEURS!

WHETHER YOU ARE SELLING LEMONADE, COFFEE, MUFFINS, EGGS, VEGGIES OR COOKIES, USE THIS LEDGER TO KEEP TRACK OF SALES, EXPENSES, INCOME, AND SAVINGS!

HAPPY SELLING!

Date: _____

Weather: _____

Today's Income Goal: _____

Today's Sales

Item:	Price:	Item:	Price:
_____	$____	_____	$____
_____	$____	_____	$____
_____	$____	_____	$____
_____	$____	_____	$____
_____	$____	_____	$____
_____	$____	_____	$____
_____	$____	_____	$____
_____	$____	_____	$____
_____	$____	_____	$____
_____	$____	_____	$____
_____	$____	_____	$____
_____	$____	_____	$____
_____	$____	_____	$____
_____	$____	_____	$____
_____	$____	_____	$____

Total Sales: _____ (★)

Calculate your income!

Total Sales Today: $ _____ (★)

Today's Expenses:

_____	$ _____
_____	+ $ _____
_____	+ $ _____
	= $ _____ (▲)

_____ (★) Sales

− _____ (▲) minus expenses

= _____ equals today's income

➡ Amount to put in savings: _____

Did you meet your goal today? _____

If not, what can you improve next time?

_____

_____

_____

Date: _____
Weather: _____

Today's Income Goal: _____

Today's Sales

Item:	Price:	Item:	Price:
_____	$ _____	_____	$ _____
_____	$ _____	_____	$ _____
_____	$ _____	_____	$ _____
_____	$ _____	_____	$ _____
_____	$ _____	_____	$ _____
_____	$ _____	_____	$ _____
_____	$ _____	_____	$ _____
_____	$ _____	_____	$ _____
_____	$ _____	_____	$ _____
_____	$ _____	_____	$ _____
_____	$ _____	_____	$ _____
_____	$ _____	_____	$ _____
_____	$ _____	_____	$ _____
_____	$ _____	_____	$ _____
_____	$ _____	_____	$ _____

Total Sales: _____ (★)

Calculate your income!

Total Sales Today: $ _____ (★)

Today's Expenses:

_____	$ _____
_____	+ $ _____
_____	+ $ _____
	= $ _____ (▲)

_____ (★) Sales

− _____ (▲) minus expenses

= _____ equals today's income

➡ **Amount to put in savings:** _____

Did you meet your goal today? _____

If not, what can you improve next time?

_____

_____

Date: _____
Weather: _____

Today's Income Goal: _____

Today's Sales

Item:	Price:	Item:	Price:
_____	$ _____	_____	$ _____
_____	$ _____	_____	$ _____
_____	$ _____	_____	$ _____
_____	$ _____	_____	$ _____
_____	$ _____	_____	$ _____
_____	$ _____	_____	$ _____
_____	$ _____	_____	$ _____
_____	$ _____	_____	$ _____
_____	$ _____	_____	$ _____
_____	$ _____	_____	$ _____
_____	$ _____	_____	$ _____
_____	$ _____	_____	$ _____
_____	$ _____	_____	$ _____
_____	$ _____	_____	$ _____

Total Sales: _____ (★)

Calculate your income!

Total Sales Today: $_____ (★)

Today's Expenses:

_____ $_____
_____ + $_____
_____ + $_____
                        = $_____ (▲)

_____ (★) Sales

− _____ (▲) minus expenses

= _____ equals today's income

➡ Amount to put in savings: _____

Did you meet your goal today? _____

If not, what can you improve next time?

_____
_____
_____

Date: _____
Weather: _____

Today's Income Goal: _____

Today's Sales

Item:	Price:	Item:	Price:
_____	$ _____	_____	$ _____
_____	$ _____	_____	$ _____
_____	$ _____	_____	$ _____
_____	$ _____	_____	$ _____
_____	$ _____	_____	$ _____
_____	$ _____	_____	$ _____
_____	$ _____	_____	$ _____
_____	$ _____	_____	$ _____
_____	$ _____	_____	$ _____
_____	$ _____	_____	$ _____
_____	$ _____	_____	$ _____
_____	$ _____	_____	$ _____
_____	$ _____	_____	$ _____
_____	$ _____	_____	$ _____

Total Sales: _____ (★)

Calculate your income!

Total Sales Today: $ _____ (★)

Today's Expenses:

_____	$ _____
_____	+ $ _____
_____	+ $ _____
	= $ _____ (▲)

_____ (★) Sales

− _____ (▲) minus expenses

= _____ equals today's income

➡ Amount to put in savings: _____

Did you meet your goal today? _____

If not, what can you improve next time?

_____

_____

_____

Date: _____

Weather: _____

Today's Income Goal: _____

Today's Sales

Item:	Price:	Item:	Price:
_____	$ _____	_____	$ _____
_____	$ _____	_____	$ _____
_____	$ _____	_____	$ _____
_____	$ _____	_____	$ _____
_____	$ _____	_____	$ _____
_____	$ _____	_____	$ _____
_____	$ _____	_____	$ _____
_____	$ _____	_____	$ _____
_____	$ _____	_____	$ _____
_____	$ _____	_____	$ _____
_____	$ _____	_____	$ _____
_____	$ _____	_____	$ _____
_____	$ _____	_____	$ _____
_____	$ _____	_____	$ _____
_____	$ _____	_____	$ _____

Total Sales: _____ (★)

Calculate your income!

Total Sales Today: $ _____ (★)

Today's Expenses:

_____	$ _____
_____	+ $ _____
_____	+ $ _____
	= $ _____ (▲)

_____ (★) Sales

− _____ (▲) minus expenses

= _____ equals today's income

➡ Amount to put in savings: _____

Did you meet your goal today? _____

If not, what can you improve next time?

_____

_____

Date: _____
Weather: _____

Today's Income Goal: _____

Today's Sales

Item:	Price:	Item:	Price:
_____	$ _____	_____	$ _____
_____	$ _____	_____	$ _____
_____	$ _____	_____	$ _____
_____	$ _____	_____	$ _____
_____	$ _____	_____	$ _____
_____	$ _____	_____	$ _____
_____	$ _____	_____	$ _____
_____	$ _____	_____	$ _____
_____	$ _____	_____	$ _____
_____	$ _____	_____	$ _____
_____	$ _____	_____	$ _____
_____	$ _____	_____	$ _____
_____	$ _____	_____	$ _____
_____	$ _____	_____	$ _____
_____	$ _____	_____	$ _____

Total Sales: _____ (★)

Calculate your income!

Total Sales Today: $_____ (★)

Today's Expenses:

_____	$_____
_____	+ $_____
_____	+ $_____
	= $_____ (▲)

_____ (★) Sales

− _____ (▲) minus expenses

= _____ equals today's income

➡ Amount to put in savings: _____

Did you meet your goal today? _____

If not, what can you improve next time?

_____

_____

Date: _____
Weather: _____

Today's Income Goal: _____

Today's Sales

Item:	Price:	Item:	Price:
_____	$ _____	_____	$ _____
_____	$ _____	_____	$ _____
_____	$ _____	_____	$ _____
_____	$ _____	_____	$ _____
_____	$ _____	_____	$ _____
_____	$ _____	_____	$ _____
_____	$ _____	_____	$ _____
_____	$ _____	_____	$ _____
_____	$ _____	_____	$ _____
_____	$ _____	_____	$ _____
_____	$ _____	_____	$ _____
_____	$ _____	_____	$ _____
_____	$ _____	_____	$ _____
_____	$ _____	_____	$ _____

Total Sales: _____ (★)

Calculate your income!

Total Sales Today: $ _____ (★)

Today's Expenses:

_____	$ _____
_____	+ $ _____
_____	+ $ _____
	= $ _____ (▲)

_____ (★) Sales

− _____ (▲) minus expenses

= _____ equals today's income

➡ **Amount to put in savings:** _____

Did you meet your goal today? _____

If not, what can you improve next time?

_____

_____

Date: _____
Weather: _____

Today's Income Goal: _____

Today's Sales

Item:	Price:	Item:	Price:
_____	$_____	_____	$_____
_____	$_____	_____	$_____
_____	$_____	_____	$_____
_____	$_____	_____	$_____
_____	$_____	_____	$_____
_____	$_____	_____	$_____
_____	$_____	_____	$_____
_____	$_____	_____	$_____
_____	$_____	_____	$_____
_____	$_____	_____	$_____
_____	$_____	_____	$_____
_____	$_____	_____	$_____
_____	$_____	_____	$_____
_____	$_____	_____	$_____

Total Sales: _____ (★)

Calculate your income!

Total Sales Today: $ _____ (★)

Today's Expenses:

_____	$ _____
_____	+ $ _____
_____	+ $ _____
	= $ _____ (▲)

_____ (★) Sales

− _____ (▲) minus expenses

= _____ equals today's income

➡ Amount to put in savings: _____

Did you meet your goal today? _____

If not, what can you improve next time?

_____

_____

_____

Date: _____
Weather: _____

Today's Income Goal: _____

Today's Sales

Item:	Price:	Item:	Price:
___	$ ___	___	$ ___
___	$ ___	___	$ ___
___	$ ___	___	$ ___
___	$ ___	___	$ ___
___	$ ___	___	$ ___
___	$ ___	___	$ ___
___	$ ___	___	$ ___
___	$ ___	___	$ ___
___	$ ___	___	$ ___
___	$ ___	___	$ ___
___	$ ___	___	$ ___
___	$ ___	___	$ ___
___	$ ___	___	$ ___
___	$ ___	___	$ ___

Total Sales: _____ (★)

Calculate your income!

Total Sales Today: $ _____ (★)

Today's Expenses:

_____	$ _____
_____	+ $ _____
_____	+ $ _____
	= $ _____ (▲)

_____ (★) Sales

− _____ (▲) minus expenses

= _____ equals today's income

➡ Amount to put in savings: _____

Did you meet your goal today? _____

If not, what can you improve next time?

_____

_____

Date: _____
Weather: _____

Today's Income Goal: _____

Today's Sales

Item:	Price:	Item:	Price:
_____	$ _____	_____	$ _____
_____	$ _____	_____	$ _____
_____	$ _____	_____	$ _____
_____	$ _____	_____	$ _____
_____	$ _____	_____	$ _____
_____	$ _____	_____	$ _____
_____	$ _____	_____	$ _____
_____	$ _____	_____	$ _____
_____	$ _____	_____	$ _____
_____	$ _____	_____	$ _____
_____	$ _____	_____	$ _____
_____	$ _____	_____	$ _____
_____	$ _____	_____	$ _____
_____	$ _____	_____	$ _____

Total Sales: _____ (★)

Calculate your income!

Total Sales Today: $ _____ (★)

Today's Expenses:

_____ $ _____

_____   + $ _____

_____   + $ _____

                       = $ _____ (▲)

_____ (★) Sales

− _____ (▲) minus expenses

= _____ equals today's income

➡ Amount to put in savings: _____

Did you meet your goal today? _____

If not, what can you improve next time?

_____

_____

Date: _____
Weather: _____

Today's Income Goal: _____

Today's Sales

Item:	Price:	Item:	Price:
_____	$ _____	_____	$ _____
_____	$ _____	_____	$ _____
_____	$ _____	_____	$ _____
_____	$ _____	_____	$ _____
_____	$ _____	_____	$ _____
_____	$ _____	_____	$ _____
_____	$ _____	_____	$ _____
_____	$ _____	_____	$ _____
_____	$ _____	_____	$ _____
_____	$ _____	_____	$ _____
_____	$ _____	_____	$ _____
_____	$ _____	_____	$ _____
_____	$ _____	_____	$ _____
_____	$ _____	_____	$ _____

Total Sales: _____ (★)

Calculate your income!

Total Sales Today: $ _____ (★)

Today's Expenses:

_____	$ _____
_____	+ $ _____
_____	+ $ _____
	= $ _____ (▲)

_____ (★) Sales

− _____ (▲) minus expenses

= _____ equals today's income

➡ Amount to put in savings: _____

Did you meet your goal today? _____

If not, what can you improve next time?

_____

_____

_____

Date: _____
Weather: _____

Today's Income Goal: _____

Today's Sales

Item:	Price:	Item:	Price:
_____	$ _____	_____	$ _____
_____	$ _____	_____	$ _____
_____	$ _____	_____	$ _____
_____	$ _____	_____	$ _____
_____	$ _____	_____	$ _____
_____	$ _____	_____	$ _____
_____	$ _____	_____	$ _____
_____	$ _____	_____	$ _____
_____	$ _____	_____	$ _____
_____	$ _____	_____	$ _____
_____	$ _____	_____	$ _____
_____	$ _____	_____	$ _____
_____	$ _____	_____	$ _____
_____	$ _____	_____	$ _____
_____	$ _____	_____	$ _____

Total Sales: _____ (★)

Calculate your income!

Total Sales Today: $ _____ (★)

Today's Expenses:

_____	$ _____
_____	+ $ _____
_____	+ $ _____
	= $ _____ (▲)

_____ (★) Sales

− _____ (▲) minus expenses

= _____ equals today's income

➡ Amount to put in savings: _____

Did you meet your goal today? _____

If not, what can you improve next time?

_____
_____
_____

Date: _____
Weather: _____

Today's Income Goal: _____

Today's Sales

Item:	Price:	Item:	Price:
_____	$ _____	_____	$ _____
_____	$ _____	_____	$ _____
_____	$ _____	_____	$ _____
_____	$ _____	_____	$ _____
_____	$ _____	_____	$ _____
_____	$ _____	_____	$ _____
_____	$ _____	_____	$ _____
_____	$ _____	_____	$ _____
_____	$ _____	_____	$ _____
_____	$ _____	_____	$ _____
_____	$ _____	_____	$ _____
_____	$ _____	_____	$ _____
_____	$ _____	_____	$ _____
_____	$ _____	_____	$ _____

Total Sales: _____ (★)

Calculate your income!

Total Sales Today: $ _____ (★)

Today's Expenses:

_____ $ _____
_____ + $ _____
_____ + $ _____
                    = $ _____ (▲)

_____ (★) Sales
− _____ (▲) minus expenses
= _____ equals today's income

➡ **Amount to put in savings:** _____

Did you meet your goal today? _____

If not, what can you improve next time?

_____
_____
_____

Date: _____
Weather: _____

Today's Income Goal: _____

Today's Sales

Item:	Price:	Item:	Price:
_____	$ _____	_____	$ _____
_____	$ _____	_____	$ _____
_____	$ _____	_____	$ _____
_____	$ _____	_____	$ _____
_____	$ _____	_____	$ _____
_____	$ _____	_____	$ _____
_____	$ _____	_____	$ _____
_____	$ _____	_____	$ _____
_____	$ _____	_____	$ _____
_____	$ _____	_____	$ _____
_____	$ _____	_____	$ _____
_____	$ _____	_____	$ _____
_____	$ _____	_____	$ _____
_____	$ _____	_____	$ _____

Total Sales: _____ (★)

Calculate your income!

Total Sales Today: $ _____ (★)

Today's Expenses:

_____	$ _____
_____	+ $ _____
_____	+ $ _____
	= $ _____ (▲)

_____ (★) Sales

− _____ (▲) minus expenses

= _____ equals today's income

➡ Amount to put in savings: _____

Did you meet your goal today? _____

If not, what can you improve next time?

_____

_____

_____

Date: _____
Weather: _____

Today's Income Goal: _____

Today's Sales

Item:	Price:	Item:	Price:
_____	$ _____	_____	$ _____
_____	$ _____	_____	$ _____
_____	$ _____	_____	$ _____
_____	$ _____	_____	$ _____
_____	$ _____	_____	$ _____
_____	$ _____	_____	$ _____
_____	$ _____	_____	$ _____
_____	$ _____	_____	$ _____
_____	$ _____	_____	$ _____
_____	$ _____	_____	$ _____
_____	$ _____	_____	$ _____
_____	$ _____	_____	$ _____
_____	$ _____	_____	$ _____
_____	$ _____	_____	$ _____
_____	$ _____	_____	$ _____

Total Sales: _____ (★)

Calculate your income!

Total Sales Today: $ _____ (★)

Today's Expenses:

_____	$ _____
_____	+ $ _____
_____	+ $ _____
	= $ _____ (▲)

_____ (★) Sales

− _____ (▲) minus expenses

= _____ equals today's income

➡ **Amount to put in savings:** _____

Did you meet your goal today? _____

If not, what can you improve next time?

_____

_____

_____

Date: _____
Weather: _____

Today's Income Goal: _____

Today's Sales

Item:	Price:	Item:	Price:
_____	$ _____	_____	$ _____
_____	$ _____	_____	$ _____
_____	$ _____	_____	$ _____
_____	$ _____	_____	$ _____
_____	$ _____	_____	$ _____
_____	$ _____	_____	$ _____
_____	$ _____	_____	$ _____
_____	$ _____	_____	$ _____
_____	$ _____	_____	$ _____
_____	$ _____	_____	$ _____
_____	$ _____	_____	$ _____
_____	$ _____	_____	$ _____
_____	$ _____	_____	$ _____
_____	$ _____	_____	$ _____
_____	$ _____	_____	$ _____

Total Sales: _____ (★)

Calculate your income!

Total Sales Today: $ _____ (★)

Today's Expenses:

_____	$ _____
_____	+ $ _____
_____	+ $ _____
	= $ _____ (▲)

_____ (★) Sales

− _____ (▲) minus expenses

= _____ equals today's income

➡ Amount to put in savings: _____

Did you meet your goal today? _____

If not, what can you improve next time?

_____

_____

Date: _____
Weather: _____

Today's Income Goal: _____

Today's Sales

Item:	Price:	Item:	Price:
_____	$ _____	_____	$ _____
_____	$ _____	_____	$ _____
_____	$ _____	_____	$ _____
_____	$ _____	_____	$ _____
_____	$ _____	_____	$ _____
_____	$ _____	_____	$ _____
_____	$ _____	_____	$ _____
_____	$ _____	_____	$ _____
_____	$ _____	_____	$ _____
_____	$ _____	_____	$ _____
_____	$ _____	_____	$ _____
_____	$ _____	_____	$ _____
_____	$ _____	_____	$ _____
_____	$ _____	_____	$ _____

Total Sales: _____ (★)

Calculate your income!

Total Sales Today: $ _____ (★)

Today's Expenses:

_____	$ _____
_____	+ $ _____
_____	+ $ _____
	= $ _____ (▲)

_____ (★) Sales
− _____ (▲) minus expenses
= _____ equals today's income

➡ Amount to put in savings: _____

Did you meet your goal today? _____

If not, what can you improve next time?

_____
_____
_____

Date: _____
Weather: _____

Today's Income Goal: _____

Today's Sales

Item:	Price:	Item:	Price:
_____	$ _____	_____	$ _____
_____	$ _____	_____	$ _____
_____	$ _____	_____	$ _____
_____	$ _____	_____	$ _____
_____	$ _____	_____	$ _____
_____	$ _____	_____	$ _____
_____	$ _____	_____	$ _____
_____	$ _____	_____	$ _____
_____	$ _____	_____	$ _____
_____	$ _____	_____	$ _____
_____	$ _____	_____	$ _____
_____	$ _____	_____	$ _____
_____	$ _____	_____	$ _____

Total Sales: _____ (★)

Calculate your income!

Total Sales Today: $ _____ (★)

Today's Expenses:

_____	$ _____
_____	+ $ _____
_____	+ $ _____
	= $ _____ (▲)

> _____ (★) Sales
>
> − _____ (▲) minus expenses
>
> = _____ equals today's income

➡ Amount to put in savings: _____

Did you meet your goal today? _____

If not, what can you improve next time?

_____

_____

_____

Date: _____

Weather: _____

Today's Income Goal: _____

Today's Sales

Item:	Price:	Item:	Price:
_____	$ _____	_____	$ _____
_____	$ _____	_____	$ _____
_____	$ _____	_____	$ _____
_____	$ _____	_____	$ _____
_____	$ _____	_____	$ _____
_____	$ _____	_____	$ _____
_____	$ _____	_____	$ _____
_____	$ _____	_____	$ _____
_____	$ _____	_____	$ _____
_____	$ _____	_____	$ _____
_____	$ _____	_____	$ _____
_____	$ _____	_____	$ _____
_____	$ _____	_____	$ _____
_____	$ _____	_____	$ _____

Total Sales: _____ (★)

Calculate your income!

Total Sales Today: $ _____ (★)

Today's Expenses:

_____	$ _____
_____	+ $ _____
_____	+ $ _____
	= $ _____ (▲)

> _____ (★) Sales
> − _____ (▲) minus expenses
> = _____ equals today's income

➡ Amount to put in savings: _____

Did you meet your goal today? _____

If not, what can you improve next time?

_____

_____

_____

Date: _____

Weather: _____

Today's Income Goal: _____

Today's Sales

Item:	Price:	Item:	Price:
_____	$ _____	_____	$ _____
_____	$ _____	_____	$ _____
_____	$ _____	_____	$ _____
_____	$ _____	_____	$ _____
_____	$ _____	_____	$ _____
_____	$ _____	_____	$ _____
_____	$ _____	_____	$ _____
_____	$ _____	_____	$ _____
_____	$ _____	_____	$ _____
_____	$ _____	_____	$ _____
_____	$ _____	_____	$ _____
_____	$ _____	_____	$ _____

Total Sales: _____ (★)

Calculate your income!

Total Sales Today: $ _____ (★)

Today's Expenses:

_____	$ _____
_____	+ $ _____
_____	+ $ _____
	= $ _____ (▲)

_____ (★) Sales

− _____ (▲) minus expenses

= _____ equals today's income

➡ **Amount to put in savings:** _____

Did you meet your goal today? _____

If not, what can you improve next time?

_____

_____

_____

Date: _____

Weather: _____

Today's Income Goal: _____

Today's Sales

Item:	Price:	Item:	Price:
_____	$ _____	_____	$ _____
_____	$ _____	_____	$ _____
_____	$ _____	_____	$ _____
_____	$ _____	_____	$ _____
_____	$ _____	_____	$ _____
_____	$ _____	_____	$ _____
_____	$ _____	_____	$ _____
_____	$ _____	_____	$ _____
_____	$ _____	_____	$ _____
_____	$ _____	_____	$ _____
_____	$ _____	_____	$ _____
_____	$ _____	_____	$ _____
_____	$ _____	_____	$ _____
_____	$ _____	_____	$ _____
_____	$ _____	_____	$ _____

Total Sales: _____ (★)

Calculate your income!

Total Sales Today: $_____ (★)

Today's Expenses:

_____ $_____
_____ + $_____
_____ + $_____
                   = $_____ (▲)

_____ (★) Sales
− _____ (▲) minus expenses
= _____ equals today's income

➡ **Amount to put in savings:** _____

Did you meet your goal today? _____

If not, what can you improve next time?

_____

_____

_____

Date: _____

Weather: _____

Today's Income Goal: _____

Today's Sales

Item:	Price:	Item:	Price:
_____	$ _____	_____	$ _____
_____	$ _____	_____	$ _____
_____	$ _____	_____	$ _____
_____	$ _____	_____	$ _____
_____	$ _____	_____	$ _____
_____	$ _____	_____	$ _____
_____	$ _____	_____	$ _____
_____	$ _____	_____	$ _____
_____	$ _____	_____	$ _____
_____	$ _____	_____	$ _____
_____	$ _____	_____	$ _____
_____	$ _____	_____	$ _____
_____	$ _____	_____	$ _____

Total Sales: _____ (★)

Calculate your income!

Total Sales Today: $ _____ (★)

Today's Expenses:

_____	$ _____
_____	+ $ _____
_____	+ $ _____
	= $ _____ (▲)

_____ (★) Sales

− _____ (▲) minus expenses

= _____ equals today's income

➡ Amount to put in savings: _____

Did you meet your goal today? _____

If not, what can you improve next time?

_____

_____

_____

Date: _____

Weather: _____

Today's Income Goal: _____

Today's Sales

Item:	Price:	Item:	Price:
_____	$ _____	_____	$ _____
_____	$ _____	_____	$ _____
_____	$ _____	_____	$ _____
_____	$ _____	_____	$ _____
_____	$ _____	_____	$ _____
_____	$ _____	_____	$ _____
_____	$ _____	_____	$ _____
_____	$ _____	_____	$ _____
_____	$ _____	_____	$ _____
_____	$ _____	_____	$ _____
_____	$ _____	_____	$ _____
_____	$ _____	_____	$ _____
_____	$ _____	_____	$ _____
_____	$ _____	_____	$ _____

Total Sales: _____ (★)

Calculate your income!

Total Sales Today: $_____ (★)

Today's Expenses:

_____ $_____
_____ +$_____
_____ +$_____
                   =$_____ (▲)

_____ (★) Sales
− _____ (▲) minus expenses
= _____ equals today's income

➡ **Amount to put in savings:** _____

Did you meet your goal today? _____

If not, what can you improve next time?

_____
_____
_____

Date: _____
Weather: _____

Today's Income Goal: _____

Today's Sales

Item:	Price:	Item:	Price:
_____	$ _____	_____	$ _____
_____	$ _____	_____	$ _____
_____	$ _____	_____	$ _____
_____	$ _____	_____	$ _____
_____	$ _____	_____	$ _____
_____	$ _____	_____	$ _____
_____	$ _____	_____	$ _____
_____	$ _____	_____	$ _____
_____	$ _____	_____	$ _____
_____	$ _____	_____	$ _____
_____	$ _____	_____	$ _____
_____	$ _____	_____	$ _____
_____	$ _____	_____	$ _____
_____	$ _____	_____	$ _____
_____	$ _____	_____	$ _____

Total Sales: _____ (★)

Calculate your income!

Total Sales Today: $ _____ (★)

Today's Expenses:

_____	$ _____
_____	+ $ _____
_____	+ $ _____
	= $ _____ (▲)

> _____ (★) Sales
> − _____ (▲) minus expenses
> = _____ equals today's income

➡ Amount to put in savings: _____

Did you meet your goal today? _____

If not, what can you improve next time?

_____

_____

_____

Date: _____
Weather: _____

Today's Income Goal: _____

Today's Sales

Item:	Price:	Item:	Price:
	$		$
	$		$
	$		$
	$		$
	$		$
	$		$
	$		$
	$		$
	$		$
	$		$
	$		$
	$		$
	$		$
	$		$

Total Sales: _____ (★)

Calculate your income!

Total Sales Today: $ _____ (★)

Today's Expenses:

_____ $ _____
_____ +$ _____
_____ +$ _____
                       =$ _____ (▲)

_____ (★) Sales
− _____ (▲) minus expenses
= _____ equals today's income

➡ **Amount to put in savings:** _____

Did you meet your goal today? _____

If not, what can you improve next time?

_____
_____
_____

Date: _____

Weather: _____

Today's Income Goal: _____

Today's Sales

Item:	Price:	Item:	Price:
_____	$ _____	_____	$ _____
_____	$ _____	_____	$ _____
_____	$ _____	_____	$ _____
_____	$ _____	_____	$ _____
_____	$ _____	_____	$ _____
_____	$ _____	_____	$ _____
_____	$ _____	_____	$ _____
_____	$ _____	_____	$ _____
_____	$ _____	_____	$ _____
_____	$ _____	_____	$ _____
_____	$ _____	_____	$ _____
_____	$ _____	_____	$ _____
_____	$ _____	_____	$ _____

Total Sales: _____ (★)

Calculate your income!

Total Sales Today: $ _____ (★)

Today's Expenses:

_____ $ _____
\+ $ _____
_____
\+ $ _____
_____
= $ _____ (▲)

_____ (★) Sales
− _____ (▲) minus expenses
= _____ equals today's income

➡ **Amount to put in savings:** _____

Did you meet your goal today? _____

If not, what can you improve next time?

_____

_____

_____

Date: _____
Weather: _____

Today's Income Goal: _____

Today's Sales

Item:	Price:	Item:	Price:
_____	$ _____	_____	$ _____
_____	$ _____	_____	$ _____
_____	$ _____	_____	$ _____
_____	$ _____	_____	$ _____
_____	$ _____	_____	$ _____
_____	$ _____	_____	$ _____
_____	$ _____	_____	$ _____
_____	$ _____	_____	$ _____
_____	$ _____	_____	$ _____
_____	$ _____	_____	$ _____
_____	$ _____	_____	$ _____
_____	$ _____	_____	$ _____
_____	$ _____	_____	$ _____

Total Sales: _____ (★)

Calculate your income!

Total Sales Today: $ _____ (★)

Today's Expenses:

_____	$ _____
_____	+ $ _____
_____	+ $ _____
	= $ _____ (▲)

> _____ (★) Sales
> − _____ (▲) minus expenses
> = _____ equals today's income

➡ Amount to put in savings: _____

Did you meet your goal today? _____

If not, what can you improve next time?

_____

_____

_____

Date: _____
Weather: _____

Today's Income Goal: _____

Today's Sales

Item:	Price:	Item:	Price:
_____	$ _____	_____	$ _____
_____	$ _____	_____	$ _____
_____	$ _____	_____	$ _____
_____	$ _____	_____	$ _____
_____	$ _____	_____	$ _____
_____	$ _____	_____	$ _____
_____	$ _____	_____	$ _____
_____	$ _____	_____	$ _____
_____	$ _____	_____	$ _____
_____	$ _____	_____	$ _____
_____	$ _____	_____	$ _____
_____	$ _____	_____	$ _____
_____	$ _____	_____	$ _____

Total Sales: _____ (★)

Calculate your income!

Total Sales Today: $_____ (★)

Today's Expenses:

_____ $_____
_____ + $_____
_____ + $_____

= $_____ (▲)

_____ (★) Sales
− _____ (▲) minus expenses
= _____ equals today's income

➡ Amount to put in savings: _____

Did you meet your goal today? _____

If not, what can you improve next time?

_____
_____

Date: _____

Weather: _____

Today's Income Goal: _____

Today's Sales

Item:	Price:	Item:	Price:
_____	$ _____	_____	$ _____
_____	$ _____	_____	$ _____
_____	$ _____	_____	$ _____
_____	$ _____	_____	$ _____
_____	$ _____	_____	$ _____
_____	$ _____	_____	$ _____
_____	$ _____	_____	$ _____
_____	$ _____	_____	$ _____
_____	$ _____	_____	$ _____
_____	$ _____	_____	$ _____
_____	$ _____	_____	$ _____
_____	$ _____	_____	$ _____
_____	$ _____	_____	$ _____

Total Sales: _____ (★)

Calculate your income!

Total Sales Today: $ _____ (★)

Today's Expenses:

_____ $ _____
_____   + $ _____
_____   + $ _____
                               = $ _____ (▲)

     _____ (★) Sales
 – _____ (▲) minus expenses
 = _____ equals today's income

➡ **Amount to put in savings:** _____

Did you meet your goal today? _____

If not, what can you improve next time?

_____
_____
_____

Date: _____
Weather: _____

Today's Income Goal: _____

Today's Sales

Item:	Price:	Item:	Price:
_____	$ _____	_____	$ _____
_____	$ _____	_____	$ _____
_____	$ _____	_____	$ _____
_____	$ _____	_____	$ _____
_____	$ _____	_____	$ _____
_____	$ _____	_____	$ _____
_____	$ _____	_____	$ _____
_____	$ _____	_____	$ _____
_____	$ _____	_____	$ _____
_____	$ _____	_____	$ _____
_____	$ _____	_____	$ _____
_____	$ _____	_____	$ _____
_____	$ _____	_____	$ _____
_____	$ _____	_____	$ _____

Total Sales: _____ (★)

Calculate your income!

Total Sales Today: $ _____ (★)

Today's Expenses:

_____	$ _____
_____	+ $ _____
_____	+ $ _____
	= $ _____ (▲)

_____ (★) Sales
− _____ (▲) minus expenses
= _____ equals today's income

➡ Amount to put in savings: _____

Did you meet your goal today? _____

If not, what can you improve next time?

_____

_____

_____

Notes:

Notes:

Notes:

Summary:

Date:	Income:	Date:	Income:

Total Income: _____
Minus Start-Up Costs: _____
(if applicable)
Net Profit: _____

I put _____ in savings!

Made in the USA
Middletown, DE
05 August 2019